APUNTES DE GESTIÓN DE PRODUCTOS Y SERVICIOS FINANCIEROS

Autor: Emilio Arroyo Roig.
Editorial: Createspace, EEUU.
Primera edición, octubre 2014, Valencia.

Prólogo:

Los productos y servicios financieros tienen como finalidad satisfacer las necesidades financieras de los usuarios, los cuales oscilan desde la necesidad de guardar de forma segura el dinero excedente hasta la solicitud de un préstamo para cubrir un déficit de liquidez.

Estos formar gran parte de la cartera de actividades de los bancos y de los intermediarios financieros que ofrecen a sus clientes.

Mediante diferentes leyes financieras, las matemáticas financieras muestran la equivalencia que existe al trasladar capitales de un periodo a otro.

Este libro comienza por la explicación del sistema financiero español y las operaciones financieras más comunes. Muestra las leyes financieras existentes y su operativa, además describe los distintos productos que existen en la renta fija y en la renta variable.

Conoce la operativa de los diferentes pasivos y activos bancarios que cubren las necesidades financieras de las empresas y los usuarios, además de los diferentes sistemas con los que cuentan las empresas para la obtención de liquidez.

El libro de gestión de productos y servicios financieros es una recopilación de datos aportados durante las clases lectivas del grado superior de administración y finanzas que oferta el instituto Misericordia de Valencia.

Este material es útil para el seguimiento de los cursos relacionados con sistemas financieros. Todos los gráficos e imágenes que se presentan son realización propia mediante ejemplos y datos inventados.

Índice:

1º Introducción al sistema financiero español

Conceptos básicos

El sistema financiero español está compuesto por un conjunto de entidades financieras que intermedian entre los ahorradores y los inversores, donde su principal función es canalizar el ahorro a la inversión.

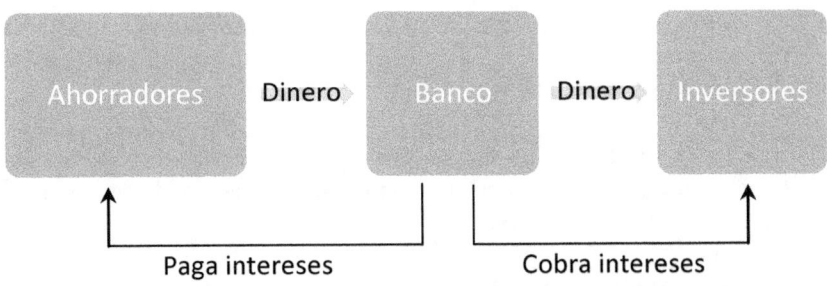

La estructura del sistema financiero está compuesto de activos y pasivos financieros, los mercados financieros y por los intermediarios.

En un mercado financiero los ahorradores prestan al banco dinero y a su vez el banco presta dicho dinero a los inversores, actuando como intermediarios. A cambio, el banco abona unos intereses a los ahorradores que recupera con el cobro de intereses a los inversores, obteniendo también un beneficio por dichas transacciones.

Cuando una empresa tiene déficit, es decir, genera mayores gastos que ingresos emiten pasivos financieros. Por el contrario, las unidades económicas que tienen superávit, es decir, generan mayores ingresos que gastos surgiendo la necesidad de invertir. Por lo que el sistema financiero canaliza el exceso de ingresos a empresas con déficit de forma que transforma los pasivos de las empresas con déficit en activos de las empresas con superávit.

Los mercados financieros

Nos encontramos con dos tipos de mercados financieros, el mercado primario y el mercado secundario. El mercado primario, es el mercado donde se colocan los activos financieros entre sus compradores (títulos de renta fija). En cambio, el mercado secundario, es el mercado donde se transmiten la propiedad de los activos financieros, es decir, la compraventa de dichos activos financieros, cuya función principal es inyectar liquidez a los activos financieros, fijar precios de referencia y obtener beneficios a través de la especulación.

Su funcionamiento depende de la organización del mercado, de la vida y los tipos de los productos que se negocian en los mercados bancarios, monetarios y de capitales.

El mercado bancario está compuesto por los activos y pasivos bancarios, el cual su valor estará en función de los intereses y de las comisiones que se generan.

En el mercado monetario se negocia y se intercambian activos y unidades monetarias de alta liquidez (máximo 24 meses). Dicho proceso se desarrolla en el mercado interbancario, siendo el intermediario entre los bancos que se prestan dinero entre ellos con el objetivo de obtener liquidez, regulando el valor del dinero.

En el mercado de capitales se negocian los créditos de medio y largo plazo de los valores de renta fija. Dicho intercambio financiero supone que un agente entrega a otro un capital, quedando obligado el que lo recibe a devolver el capital prestado más una cuantía que recompensa el posponer el capital a una fecha futura, es decir, el interés del precio expresado en unidades monetarias por disponer de capitales ajenos durante un determinado periodo de tiempo.

Clases de entidades y los intermediarios

Existen dos tipos de entidades, las bancarias y las no bancarias. Las entidades bancarias son aquellas que crean dinero mediante la diferencia de los intereses que cobran de los inversores y los intereses que abonan a los ahorradores. En cambio, las entidades no bancarias son aquellas que mueven el dinero, pero no son capaces de crearlo.

10

Las entidades bancarias:

- *El banco de España:* es el órgano que dirige la política monetaria española.
- *La banca privada:* son aquellos bancos de capital social privado, los cuales ofrecen servicios por los que cobran.
- *Las cajas de ahorro:* son aquellas entidades que están financiadas por el Estado y tienen un fin social, no siendo entidades lucrativas.

Las entidades no bancarias:

- *CIA aseguradoras:* son aquellas entidades que se comprometen a pagar una indemnización en caso de siniestro como contrapartida de una prima.
- *Gestoras de fondos de pensiones:* se trata de sociedades que gestionan el patrimonio constituido por la participación de sus socios durante su vida laboral para complementar o sustituir las pensiones de la Seguridad Social.
- *Sociedades y agencias de valores:* son aquellas entidades que actúan de intermediarios bursátiles que gestionan los activos financieros.
  - *Sociedades de valores:* son los intermediarios financieros que actúan en nombre propio y en nombre de terceros.
  - *Agencias de valores:* son los intermediarios financieros que sólo actúan en nombre de terceros.
- *Sociedades de arrendamiento financiero (leasing):* se trata de entidades que generan contratos por el cual se financian bienes de equipo a través del pago de un arrendamiento periódico y con la opción de compra al finalizar el contrato por el valor residual de dicho bien.
- *Entidades de cobro (factoring):* son aquellas entidades que compran los derechos de cobro de las empresas que necesitan liquidez inmediata para posteriormente reclamar el cobro a sus deudores.
- *Sociedades de garantía recíproca:* son aquellas entidades que se dedican a avalar los préstamos de las pymes que solicitan al banco.

- *Entidades de confirming:* se trata de aquellas entidades que se dedican a confirmar el pago a los proveedores a cambio de un interés.

Los intermediarios financieros son todos los bancos comerciales exceptuando al Banco de España, las cajas de ahorro, las cooperativas de crédito y las entidades de crédito.

Los órganos de dirección y control

Las entidades y los intermediarios financieros están tutelados por 7 órganos de dirección y control del sistema financiero español, estos son:

- *El Banco Central Europeo:* se trata del órgano que está por encima de todos, dando las directrices de la moneda europea.
- *El Banco de España:* es el órgano que dirige bajo las órdenes del Banco Central Europeo la política monetaria española.
- *Ministerio de Economía y Hacienda:* se trata del órgano que gobierna el área económica de España y la política financiera.
- *Las Comunidades Autónomas:* son aquellos órganos que llevan aparejadas las políticas de creación de las cajas de ahorro y las cooperativas de crédito.
- *La Comisión Nacional de Mercado de Valores:* se trata del organismo que regula las actividades relacionadas con la bolsa de comercio.
- *La Dirección General de Seguros:* es el órgano que dirige la política que regula las compañías de seguros.
- *La Dirección General de las Transacciones Exteriores:* es el órgano que regula las operaciones de comercio internacional.

2º Operaciones financieras

Las operaciones financieras son aquellas que sirven para dar rentabilidad al dinero. Es toda acción encaminada a sustituir uno o varios capitales por otro u otros equivalentes en diferentes momentos, siempre aplicando la ley financiera, es decir, se trata de un intercambio no simultaneo de capitales financieros pactado entre dos agentes verificando su equivalencia mediante una ley financiera entre los capitales entregados.

La parte que entrega el primer capital en la operación se denomina prestamista y la que lo recibe prestatario. El conjunto de capitales que entrega el prestamista se denomina prestación y el que entrega el prestatario contraprestación.

Por ello, la equivalencia financiera surge cuando la suma financiera de los capitales de la prestación es equivalente a la suma financiera de los capitales de la contraprestación. Por lo tanto:

$$\sum C_h(1+i)^{t_n-t_h} - \sum C_k(1+i)^{t_n-t_k} = 0$$

Donde la suma de capitales de la prestación menos la suma de capitales de la contraprestación es igual a cero.

La suma financiera consta de la suma aritmética que resulta del conjunto de capitales con un mismo vencimiento. Donde el factor de capitalización surge cuando el vencimiento del capital es anterior al momento determinado, en cambio, cuando el vencimiento del capital es posterior al momento determinado se denomina factor de actualización.

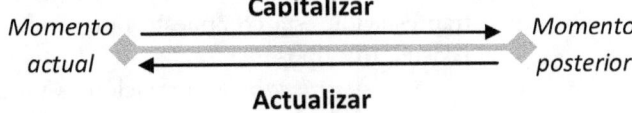

13

Las premisas básicas de las operaciones financieras son:

- El intercambio de capital no puede efectuarse de forma simultánea, por lo tanto deben vencer en momentos diferentes.
- Los capitales intercambiados deben ser equivalentes según una ley financiera previa, por ello siempre es diferente lo entregado a lo recibido.

Los elementos que intervienen en toda operación financiera son:

- Los conjuntos de capitales que se intercambian.
- Los agentes que intervienen en la operación.
- La duración de la operación.
- La ley financiera de valoración.

Las operaciones financieras pueden clasificarse en base a diferentes criterios dando lugar a modalidades no excluyentes entre sí.

- Por su forma de definición.
  - *Predeterminadas:* son aquellas que desde el momento inicial se conocen todos los elementos que intervienen en la operación (plazo fijo).
  - *Posdeterminadas:* son aquellas que se conocen los elementos que intervienen en la operación al finalizar.
- Por su plazo.
  - A corto plazo.
  - A medio plazo.
  - A largo plazo.
- Por la distribución de los compromisos de las partes.
  - *Simples:* surgen cuando la prestación y la contraprestación están constituidas por un único capital financiero.
  - *Compuestas:* surge cuando la prestación y/o la contraprestación está compuesto por varios capitales. Existen tres tipos.
    - *Amortización:* la prestación es un único capital y la contraprestación son varios capitales.

- *Constitución:* la prestación está compuesta por varios capitales y la contraprestación por un único capital.
- *Doblemente compuestas:* la prestación y la contraprestación están compuestas por varios capitales (cuenta corriente de crédito).

- Por su sentido crediticio.
  - o *Crédito unilateral:* surge cuando las partes que intervienen mantienen su posición deudora o acreedora.
  - o *Crédito bilateral:* surge cuando la parte que comienza como acreedora, en algún momento de la operación pasa a ser el deudor (descubierto en una cuenta corriente).
- Por la ley financiera empleada.
  - o *De capitalización:* cuando el intercambio está basado en una ley de capitalización.
  - o *De descuento:* cuando el intercambio está basado en una ley de descuento.

La reserva matemática

La reserva matemática o también denominado saldo financiero es el capital financiero que cuantifica la diferencia existente entre los capitales entregados por ambas partes hasta un determinado momento intermedio de la operación, es decir, permite cancelar de forma anticipada la operación financiera.

La equivalencia financiera entre el capital de la prestación y el capital de la contraprestación solo tienen que verificarse cuando se valoran todos los capitales que están implicados en la operación financiera, de lo contrario no es necesario.

Existen tres métodos de valoración de la reserva matemática, el método retrospectivo, el método prospectivo y el método recurrente.

El método retrospectivo valora el capital de la prestación y el capital de la contraprestación entregada hasta el momento de la valoración determinada, siendo su diferencia la reserva matemática.

$$R_T = \sum_{h \to T}^{i} C_h(1+i)^{T-t_h} - \sum_{k \to T}^{i} C'_k(1+i)^{T-t'_k} = S_1 - S'_1$$

Donde:

- **T**: es el momento de la valoración, antes de finalizar la operación.
- **C_h**: es el capital inicial del valor de la prestación.
- **t_h**: periodo de tiempo de la operación del capital prestado.
- **C_k**: es el capital inicial del valor de la contraprestación.
- **t_k**: periodo de tiempo de la operación del capital de la contraprestación entregada.

El método prospectivo valora el capital de la prestación y el capital de la contraprestación que se entrega des de el momento de la valoración hasta el final de la operación.

$$R_T = \sum_{k \to T}^{i} C'_k(1+i)^{-(t'_k-T)} - \sum_{h \to T}^{i} C_h(1+i)^{-(t_h-T)} = S'_2 - S_2$$

De forma que el método de valoración retrospectivo y el método de valoración prospectivo debe ser equivalente.

El método recurrente calcula la reserva matemática a partir de una información anterior, el cual obtiene el valor de la reserva a partir de su valor en un momento anterior. Para ello, será necesario trasladar la información al nuevo momento de valoración.

Tantos efectivos de rendimiento

El interés que se determina como el tanto efectivo en las operaciones financieras surge de la necesidad de obtener un parámetro que indique el rendimiento de dicha operación, facilitando la elección entre distintas

alternativas de inversión o de operaciones financieras. Por lo tanto, el tipo de interés efectivo anual establece la equivalencia financiera entre la prestación y la contraprestación de la operación, representándose "i_e".

Para las operaciones con características comerciales se añaden condiciones complementarias que modifican los vencimientos y las cuantías de los capitales ocasionados por gastos en las operaciones. Estas características comerciales se pueden clasificar:

- *Características comerciales bilaterales:* son características que afectan a ambos contratantes modificando de la misma forma, pero en distinto sentido. Esto implica que las cantidades entregadas por una parte son recibidas por la parte contraria.
- *Características comerciales unilaterales:* son características que surgen con la presencia de terceras personas, el cual las cantidades entregadas por una parte no coinciden con las cantidades recibidas por la parte contraria.

Existen dos tipos de tantos de efectivos de rendimiento, las destinadas a operaciones financieras puras y las operaciones financieras reales. Donde las operaciones financieras puras son aquellas que no poseen características comerciales y las reales son las operaciones financieras que si poseen características comerciales.

La tasa anual equivalente (T.A.E.):

Esta tasa se emplea para el cálculo de rendimiento en operaciones bancarias. Esta será equivalente al tanto efectivo siempre que no existan características comerciales (gastos de operación). Trata de ser el tanto anual efectivo que iguala los cobros y los pagos actualizados de la operación para el prestatario.

La tasa de rendimiento interno (T.R.I. o T.I.R.):

Esta tasa se aplica cuando se plantean inversiones para medir y comparar las rentabilidades de las inversiones o de proyectos, donde su cálculo no incorpora factores externos, siendo el mismo concepto que el T.A.E..

Se determina mediante el valor actual neto de todos los flujos de efectivo de una determinada inversión igualada a cero. Cuanto mayor sea la tasa, mayor rentabilidad aportará la inversión o el proyecto.

$$T.I.R. = \frac{\sum Fj_e}{(1+i)^t} = 0$$

Donde:

- **Fj$_e$:** el flujo de efectivo de un periodo de tiempo.
- **i:** incógnita para obtener el TIR.
- **t:** periodo de tiempo del flujo de efectivo calculado.

For-Fait (todo costo):

Se trata de un único tanto de efectivo para los efectos descontados comerciales con independencia del vencimiento, es decir, se incluyen todos los gastos de la operación financiera salvo el timbre (tarifas por varemos de las letras de cambio).

$$Valor\ líquido = \sum (N) - \frac{\sum (N-n)}{\frac{360}{i}}$$

Donde:

- **N:** el nominal de las letras de cambio.
- **n:** periodo de vencimiento de cada letra de cambio.
- **i:** tanto efectivo forfait.

3º Las leyes financieras

Se trata de una regla de cálculo que sustenta el intercambio de capitales, es decir, la renuncia de disponer el capital en el presente para obtenerlo en un momento futuro.

A pesar de poder emplear cualquier ley financiera que acepten las partes que intervienen, los criterios que se han consolidado en los mercados financieros son la ley de capitalización simple, la ley de capitalización compuesta y la ley del descuento simple.

La ley de capitalización simple

Mediante este criterio, el interés que se paga por disponer de un capital se valora de forma proporcional al capital dispuesto y la amplitud del periodo por el cual se pospone la disposición del capital.

$$C_n = C_0(1 + i \cdot n)$$

Donde:

- C_0: se trata del capital dispuesto en unidades monetarias, es decir, el capital inicial o actual.
- C_n: se trata del capital que se recibe al final del periodo, es decir, el capital final o montante.
- i: se trata del precio que se paga por unidad de capital y de tiempo, es decir, el tipo de interés.
- n: se trata del periodo de tiempo por el cual se pospone la disposición del capital, es decir, el tiempo o periodo de la operación.

El capital final o montante es el equivalente al capital dispuesto en el inicio de la operación financiera más el interés aplicado, siendo ambos capitales equivalentes al finalizar el periodo, por lo tanto, ambos capitales son sustituibles.

El factor de capitalización:

Dicho factor es el equivalente de un capital unitario en un momento posterior, es decir, es el factor que traslada la equivalencia de un capital de un periodo de tiempo inicial "t_0" a un periodo final "t_n".

$$(1 + i \cdot n)$$

El cual se multiplica dicho factor de capitalización por la cuantía del capital dispuesto. El factor de capitalización siempre será mayor que la unidad, puesto que el montante es mayor que el capital inicial.

El factor de actualización:

Este factor es equivalente de un capital unitario en un momento anterior, es decir, es el factor que traslada la equivalencia de un capital de un periodo de tiempo final "t_n" a periodo de tiempo inicial "t_0".

$$(1 + i \cdot n)^{-1}$$

El cual se multiplica dicho factor de actualización por la cuantía del capital final de la operación para calcular dicho capital en un momento anterior. El factor de actualización siempre será positivo, pero será menor que la unidad.

El interés y el tipo de interés:

El interés es la recompensa en unidades monetarias que será necesario pagar por disponer de capitales ajenos durante un periodo de tiempo. Por lo tanto, dependerá del capital dispuesto y del intervalo de tiempo.

El interés simple surge de la diferencia entre el montante y el capital dispuesto.

$$I = C_n - C_0 = C_n \cdot i \cdot n$$

Podemos determinar el tipo de interés como un tanto unitario de interés simple al que estuvo colocado un capital durante un periodo de tiempo, el cual se determina con el parámetro "i".

$$i = \frac{C_n - C_0}{C_0 \cdot n}$$

Este parámetro suele expresarse en términos anuales, por lo que las unidades de tiempo "n" también se expresarán en años o en fracciones anuales.

Para obtener el parámetro del tiempo, bastará con sustituir el parámetro "n" por el parámetro "i" en la fórmula anterior.

El fraccionamiento del tipo de interés:

Un año se puede dividir en:

- *Semestres:* siendo dos semestres equivalentes a un año.
- *Cuatrimestres:* siendo tres cuatrimestres equivalentes a un año.
- *Trimestres:* siendo cuatro trimestres equivalentes a un año.
- *Bimensual:* siendo seis bimensualidades equivalentes a un año.
- *Meses:* siendo doce meses equivalentes a un año.
- *Días:*
  - Siendo 360 días equivalentes a un año comercial.
  - Siendo 365 días equivalentes a un año civil.

Partiendo de que el tipo de interés y el tiempo deben ser correlativos en las operaciones financieras, si el tipo de interés viene en periodos anuales, el parámetro "n" deberá expresarse en anualidades y así sucesivamente. Por lo tanto, para expresar el tipo de interés en subperiodos inferiores al año de la misma magnitud, se debe emplear el siguiente factor.

$$\left(1 + i \cdot \frac{k}{m}\right)$$

Donde:

- **m:** el número natural de los subperiodos por el cual se ha dividido el año de igual magnitud.
- **k:** número de subperiodos de tiempo comprendidos desde el inicio de la operación hasta el final.

La ley de capitalización compuesta

Mediante este criterio, el interés que se paga por disponer de un capital se valora a partir de la aplicación sucesiva de la capitalización simple y la amplitud del periodo por el cual se pospone la disposición del capital.

$$C_n = C_0 \cdot (1 + i \cdot 1) \cdot (1 + i \cdot 1) \dots (1 + i \cdot 1) = C_0 \cdot (1 + i)^n$$

Donde:

- C_0: se trata del capital dispuesto en unidades monetarias, es decir, el capital inicial o actual.
- C_n: se trata del capital que se recibe al final del periodo, es decir, el capital final o montante.
- i: se trata del precio que se paga por unidad de capital y de tiempo, es decir, el tipo de interés.
- n: se trata del periodo de tiempo por el cual se pospone la disposición del capital, es decir, el tiempo o periodo de la operación.

Al igual que sucede en la capitalización simple, el capital dispuesto y el capital final son equivalentes mediante la ley de capitalización impuesta en la operación financiera, por lo tanto son sustituibles.

La principal diferencia de la capitalización compuesta y la capitalización simple surge en la reinversión de los intereses que generan los capitales en la capitalización compuesta, es decir, que se aplica la ley de capitalización simple de forma sucesiva, reinvirtiendo cada vez los capitales generados (intereses) en el periodo anterior.

El factor de capitalización:

Del mismo modo que sucede en la ley de capitalización simple, el factor de capitalización se trata de la cuantía equivalente en un momento posterior.

$$(1 + i)^n$$

A diferencia de la ley de capitalización simple, el factor de capitalización compuesta posee la propiedad multiplicativa para intervalos consecutivos (t_0 - t_1 - t_2).

$$(1 + i)^{t_1 - t_0} \cdot (1 + i)^{t_2 - t_1} = (1 + i)^{t_2 - t_0}$$

Esta propiedad también permite obtener el capital final cuando los tipos de interés aplicables sean distintos en cada uno de los periodos.

Al igual que sucede en la ley de capitalización simple, este factor siempre será mayor que la unidad, puesto que el montante es mayor que la disposición del capital.

El factor de actualización:

Del mismo modo que sucede en la ley de capitalización simple, el factor de actualización se trata de la cuantía equivalente en un momento anterior.

$$(1 + i)^{-n}$$

El cual multiplica dicho factor de actualización por la cuantía del capital final de la operación financiera para calcular dicho capital en un momento anterior. El factor de actualización siempre será positivo, pero será menor que la unidad.

Del mismo modo que sucede en el factor de capitalización compuesta, este factor posee la propiedad multiplicativa para intervalos consecutivos (t_0 - t_1 - t_2).

$$(1 + i)^{-(t_1 - t_0)} \cdot (1 + i)^{-(t_2 - t_1)} = (1 + i)^{-(t_2 - t_0)}$$

Obteniendo la posibilidad de aplicar distintos tipos de interés para cada intervalo de tiempo.

El rédito y el tipo de interés:

El rédito es el complemento a la unidad, en términos absolutos, del correspondiente factor, es decir, es el incremento de de la cuantía generada por una unidad monetaria al diferir en su disponibilidad (cuando pasa de un momento a otro). Esto se corresponde con el interés, pero referido a un capital unitario, el cual se denota con "r".

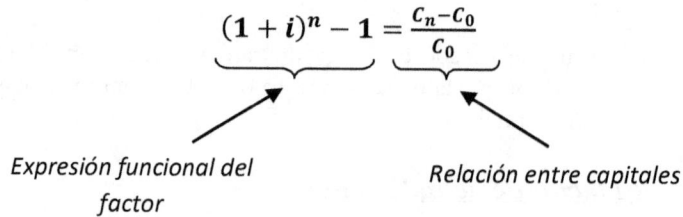

$$(1+i)^n - 1 = \frac{c_n - c_0}{c_0}$$

Expresión funcional del factor

Relación entre capitales

La comparación mediante el rédito de inversiones o proyectos resulta insuficiente, puesto que los resultados pueden variar con intervalos de tiempo de diferente amplitud.

El tipo de interés del intervalo es el incremento de cuantía que resulta por cada unidad de capital en el momento inicial de la operación financiera y por la unidad de tiempo, es decir, el rédito dividido por la amplitud del intervalo.

$$i = \frac{(1+i)^{t_n - t_0} - 1}{(t_n - t_0)}$$

Para el caso de intervalos unitarios "$t_n - t_0 = 1$" el tipo de interés en capitalización compuesta se denomina tipo de interés efectivo, mostrando el incremento de capital por unidad de capital y tiempo. Además debe expresarse en la misma unidad en que se mide el tiempo.

24

El fraccionamiento del tipo de interés:

Cuando los periodos en los que se genera el interés son de diferente amplitud se denomina tipo de interés anual efectivo subperiodal o fraccionado (el T.A.E. fraccionado)

$$i = (1 + i)^{1/m} - 1$$

Donde "m" es el fraccionamiento del año en el que se desea calcular el tipo de interés efectivo.

El tipo de interés nominal (J^m) es la proyección aritmética del tipo de interés correspondiente al fraccionamiento de un año, sin considerar la reinversión de los intereses, es decir, se trata de un tanto proporcional que se obtiene multiplicando "m" veces el tipo de interés en un periodo fraccionado, donde "m" es el número de veces en que se ha dividido el año. Por lo tanto, podemos determinar que con un mismo tanto nominal anual, el tanto efectivo será mayor cuanto mayor sea el fraccionamiento del año.

$$J^m = m \cdot i_m \qquad \leftrightarrow \qquad i_m = (1 + i)^{1/m}$$

La ley del descuento simple

Mediante la ley del descuento simple nos podemos encontrar con el descuento racional o matemático y con el descuento comercial o bancario, donde estos tratan de adelantar el capital final de la operación financiera antes de que finalice su vencimiento.

El descuento simple racional o matemático:

Este descuento surge por la diferencia entre el capital final y el capital inicial, aplicando la siguiente igualdad.

$$D_r = \frac{C_n \cdot i \cdot n}{1 + i \cdot n}$$

El interés y el descuento racional son dos conceptos cuantitativamente iguales, pero el interés esta expresado en función del capital inicial y el descuento racional esta expresado en función del capital final o montante.

El descuento comercial:

El descuento comercial se aplica en la negociación de los efectos comerciales (letras de cambio), siendo un documento por el cual se reconoce una deuda compuesta por los siguientes agentes:

- *El librador:* es el vendedor que expide la letra y la guarda.
- *El librado:* es el comprador, quien debe el importe de la letra de cambio.
- *El tomador:* se trata del banco, un tercer interviniente que empieza a tomar parte cuando el vendedor necesita liquidez antes de finalizar el vencimiento del efecto comercial a cambio de una comisión.

El librado paga al vendedor mediante una letra de cambio con un vencimiento ya establecido. Cuando el librador desea cobrar la letra de cambio antes de su vencimiento, la presenta en el banco para que este le adelante el dinero. El tomador cobrará una comisión ofrecerle liquidez al librador, denominando a estos intereses descuento comercial. Por ello, no se entregará el nominal (capital final del efecto comercial), sino el nominal menos el descuento comercial.

$$D_C = C_n \cdot i \cdot n$$

Donde:

- C_n: es el capital descontado o capital que se adelanta en unidades monetarias.
- **i:** ya no se trata del tipo de interés, sino del tipo de descuento.
- **n:** es el periodo en que se adelanta el capital a su vencimiento en unidades de tiempo.

Por lo tanto podemos definir el descuento simple como el interés que se paga por disponer de forma anticipada un capital, el cual se determina de forma proporcional al capital anticipado y a la amplitud del periodo.

El librador obtendrá como valor efectivo el valor nominal menos el descuento comercial aplicado.

$$VE = C_n \cdot (1 - i \cdot n)$$

Para el caso de que el periodo de la operación sea una fracción del año y que el tipo de interés o tipo de descuento este referido a un año, el factor del descuento será:

$$d_m = 1 - d \cdot \frac{k}{m}$$

Donde:

- **d:** es el tipo de interés o tipo de descuento anual que se debe aplicar.
- **k:** número de subperiodos comprendidos en el periodo de tiempo de la operación.
- **m:** subperiodos de igual amplitud en que se ha dividido el año.

Técnico Superior en Administración y Finanzas
Estudios realizados en IES Misericordia Valencia

4º Conjunto de capitales

El valor financiero de un conjunto de capitales en un momento dado es la suma financiera en dicho punto, es decir, para obtenerlo se debe sumar cada uno de los términos que componen el conjunto de capitales.

Para ello, se emplea la ley de capitalización compuesta mediante un tipo de interés constante. Dado que se puede calcular en cualquier punto, dará lugar al valor final y al valor actual mediante el factor de capitalización y actualización.

Introducción a las rentas

Una renta es todo aquel conjunto de capitales asociados a un intervalo de tiempo, es decir, con vencimiento equidistante en el tiempo y teniendo la misma periodicidad. A cada uno de los capitales que componen la renta se denomina término (C_s) y al tiempo que transcurre consecutivamente se denomina periodo (va desde t_0 hasta t_n).

C_0 C_1 C_2 C_3 C_4 C_5 C_n

t_0 t_1 t_2 t_3 t_4 t_5 t_n

Se pueden diferenciar dos tipos de rentas:

- *La renta prepagable:* cada uno de los términos se pagan antes de iniciar el periodo, como pueden ser los alquileres.
- *La renta pospagable:* cada uno de los términos se pagan al finalizar el periodo en curso, como pueden ser los salarios.

Las rentas se pueden clasificar mediante diferentes criterios, no siendo excluyentes sino complementarios:

- Según la duración de la renta:
  - *Rentas temporales:* cuando su duración es finita, teniendo un número de capitales determinado.

- o *Rentas perpetuas:* cuando su duración es infinita, desconociendo el número de capitales.
- Según a cuantía de los términos que la componen:
  - o *Rentas constantes:* son aquellas rentas cuya cuantía de los capitales son la misma.
  - o *Rentas variables:* son aquellas rentas cuya cuantía de los términos no es constante, pudiendo seguir un orden preestablecido o no.
- Según la amplitud de los periodos:
  - o *Rentas discretas:* con periodos de amplitud finita.
  - o *Rentas periódicas:* con periodos de idéntica amplitud.
  - o *Rentas continuas:* con periodos infinitesimales.
- Según el vencimiento del primer pago:
  - o *Rentas inmediatas:* se paga en cada uno de los periodos, empezando en el momento cero.
  - o *Rentas diferidas:* surge un diferimiento del pago en el tiempo, comenzando en el momento que finaliza dicho diferimiento.

Las rentas constantes

Renta constante, pospagable y temporal:

Se trata de una renta con cuantías similares y un determinado número de capitales, cuyo pago se realiza al finalizar el periodo en curso.

Siendo una renta unitaria y valorada con una ley de capitalización compuesta, su valoración inicial está representado por "$a_{n]i}$" y su valoración final está representado por "$S_{n]i}$".

El valor actual de una renta será el sumatorio de cada uno de los términos que compone dicha renta, es decir, el sumatorio del factor de actualización de cada uno de los términos.

$$a_{n]i} = \frac{1 - (1 + i)^{-n}}{i}$$

El valor final de una renta será el sumatorio de cada uno de los términos de la renta mediante el factor de capitalización.

$$S_{n|i} = \frac{(1 + i)^n - 1}{i}$$

Por lo tanto se puede verificar que el valor final de la renta es equivalente al factor de capitalización del intervalo de los periodos por el valor inicial de la renta.

$$Vs_{n|i} = (1 + i)^n \cdot Va_{n|i}$$

Cuando la renta posea términos de cuantía constante en vez de ser unitaria, su valor inicial será el resultado de multiplicar la cuantía por "$a_{n|i}$" y para la obtención del valor final es el producto de la constante por "$S_{n|i}$". El valor financiero de una renta es conocido en todos sus puntos, por lo tanto, bastará con multiplicar dicho valor por el factor de capitalización o el factor de actualización del intervalo para obtener el valor del momento dado.

Renta constante, pospagable y perpetua:

Cuando hablamos de rentas perpetuas conocemos el valor inicial de la renta y los términos que la componen, pero desconocemos cuando termina. Por ello, se obtiene con el límite del valor actual de la renta cuando "n" tiende a infinito.

$$a_{\infty|i} = \lim_{n \to \infty} \frac{1 - (1 + i)^{-n}}{i} = \frac{1}{i}$$

$$V_0 = C \cdot a_{\infty|i} = \frac{C}{i}$$

El cálculo del valor final de una renta perpetua no se realiza por ser infinita.

Las rentas variables (en progresión geométrica)

Cuando hablamos de una renta variable en progresión geométrica, pospagable y temporal, se trata de una renta cuya cuantía de los términos aumentan en progresión geométrica para un determinado número de capitales, cuyo pago se realiza al finalizar el periodo en curso.

Donde la progresión geométrica se representa por "q", siendo (1+i). Por lo tanto, el valor actual y el valor final de una renta variables se determina de la siguiente manera.

$$V_0 = C \cdot \left[\frac{1 - q^n \cdot (1+i)^{-n}}{1+i-q} \right]$$

$$V_n = C \cdot \left[\frac{(1+i)^n - q^n}{1+i-q} \right]$$

Se puede verificar que el valor final de la renta variable es equivalente al factor de capitalización del intervalo de los periodos por el valor inicial de la renta en función del término constante y su progresión geométrica.

Las rentas fraccionadas

El fraccionamiento de una renta consiste en dividir la cuantía de los términos y el periodo en "m" veces de la misma proporción y amplitud, donde cada una de las subcuantías quedan asociadas a los subperíodos.

Para obtener el valor actual y el valor final de una renta anual fraccionada será necesario multiplicar la cuantía de sus términos por el coeficiente común.

$$V_0^{(m)} = \frac{i}{J_m} \cdot C \cdot a_{n|i}$$

$$V_n^{(m)} = \frac{i}{J_m} \cdot C \cdot S_{n|i}$$

Donde:

- **C:** es la cuantía del primer término de la renta anual, es decir, la cuantía fraccionada por "m" veces su fracción.
- **i:** es el tipo de interés efectivo anual.
- **J_m:** es el tipo de interés nominal anual pagadero "m" veces, equivalente al tipo de interés efectivo anual.

Rentas constantes diferidas

Se trata de aquellas rentas que poseen un diferimiento en el tiempo del primer término, es decir, cuando han de pasar "D" períodos desde el momento actual hasta el comienzo del primer término. Por lo tanto, si empleáramos un diferimiento de tres periodos del primer término, este comenzará a pagarse en el tercer término.

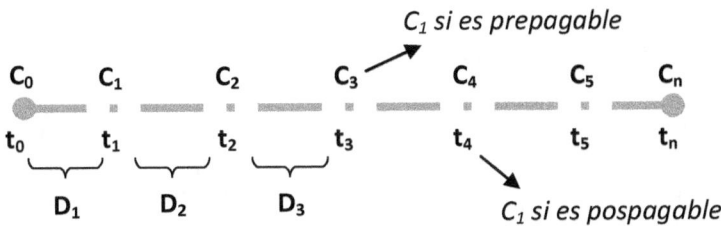

Para obtener el valor actual de una renta constante diferida se debe multiplicar el "$a_{n|i}$" y el término de dicho periodo por el siguiente factor de diferimiento.

$$Prepagable = (1 + i)^{-(D-1)}$$

$$Pospagable = (1 + i)^{-D}$$

5º Empréstitos de obligaciones

Las empresas solicitan préstamos de elevada suma y la mayoría de inversores que hay en el mercado no invierten esas cantidades tan elevadas. Por ello, la empresa emisora divide su deuda en varias partes iguales, de modo que accedan a ella tanto inversores grandes como pequeños para financiar su deuda.

Podemos decir que un empréstito es una operación de amortización en las que el capital prestado está dividido en partes alícuotas que cumplen una función de título valor (pueden ser negociables) denominado obligación, donde cada obligacionista es prestamista de la operación.

El valor nominal de la obligación es la cuantía en que se subdivide el empréstito, es decir, cada una de las partes de la prestación total de la operación.

Los empréstitos se caracterizan por:

- Ser una fuente de financiación de la deuda de una empresa.
- Tener un vencimiento.
- Tener un tipo de interés.

Las obligaciones de los empréstitos se pueden clasificar de la siguiente manera:

- Por la modalidad del préstamo de la operación:
  - *Obligaciones americanas:* el obligacionista entrega una única cuantía y este recibe los intereses denominados cupones de forma periódica y su amortización se efectúa al vencimiento de la operación.
  - *Obligaciones cupón cero:* el obligacionista entrega una única cuantía y este recibe los intereses y la amortización al vencimiento de la operación.
  - *Obligaciones con amortización progresiva:* el obligacionista entrega una única cuantía y este recibe los intereses y su amortización de forma periódica hasta su vencimiento, es decir, mediante amortizaciones parciales.

35

- Por la existencia de garantías:
  - *Obligaciones simples:* son aquellas que solo poseen las garantías del emisor.
  - *Obligaciones garantizadas:* son aquellas que además de la garantía del emisor también poseen alguna garantía específica.
- Por la posibilidad del cálculo del coste rendimiento:
  - *Empréstitos predeterminados:* surge cuando el coste y el rendimiento se pueden calcular a priori.
  - *Empréstitos posdeterminados:* surgen cuando el coste y el rendimiento solo pueden calcularse a posteriori.

El análisis financiero de una obligación

Al tratarse de una operación financiera, se debe verificar la equivalencia entre el valor nominal de de la obligación y los términos amortizativos obtenidos.

Mediante las obligaciones americanas, el cual solo se percibe el interés generado de forma periódica y la amortización del préstamo en su vencimiento. Cada uno de los términos amortizativos (a_1, a_2, a_3 ... a_n) será el resultado del capital por el tipo de interés aplicado.

$$a_x = C \cdot i$$

Mediante las obligaciones del cupón cero, el cual se percibe el interés y su amortización al vencimiento de la operación. Se trata de una operación simple, donde cada uno de sus términos amortizativos es cero, excepto el último.

$$a_n = C \cdot (1 + i)^n$$

El análisis financiero de un empréstito

La prestación y la contraprestación de la operación se obtienen multiplicando la correspondiente obligación por el número de títulos emi-

tidos. Los empréstitos se pueden ofrecer por el nominal, por lotes o con primas de emisión.

El empréstito nominal:

El empréstito nominal se amortiza por el sistema francés, el cual se determina mediante un interés fijo y un vencimiento. Los primeros títulos se amortizan siempre por defecto y los decimales (residuos) se añaden a los demás títulos, los cuales se amortizarán en el siguiente periodo, de esta manera solo se cogen los números enteros.

Para obtener la anualidad (en euros) del empréstito será necesario conocer el número de títulos "N" y el precio de estos "C".

$$a = N \cdot C \cdot \frac{1}{a_{n|i}} \qquad\qquad a_{n|i} = \frac{(1+i)^n - 1}{(1+i)^n \cdot i}$$

Cada una de las amortizaciones de los títulos del empréstito hasta llegar a "M_n" será la amortización anterior por el factor de capitalización más el residuo anterior (si hubiese), salvo la primera amortización.

$$M_1 = \frac{a - (N \cdot C \cdot i)}{C} \qquad\qquad M_2 = M_1 \cdot (1 + i)$$

El empréstito por lotes:

Los lotes pueden ser fijos o variables. Cuando estos son constantes, la empresa reparte una cantidad fija denominada premio para determinado número de títulos que se amorticen en el año.

La anualidad que se amortiza en el empréstito por lotes es la misma que la anterior, pero añadiéndole el lote (el premio).

El cupón es el interés en euros que se entrega por cada obligación, siendo equivalente al dividendo de una acción.

Ejemplo:

Construye un cuadro de un empréstito compuesto por 2.000 títulos a 3 euros nominales cada uno y una amortización de tres anualidades constantes. Con un cupón de 0,18€ por obligación y un premio de 60,10€ para las primera 5 obligaciones amortizadas en cada sorteo.

$$Interés\ o\ cupón \rightarrow i = \frac{0,18}{3} = 0,06$$

$$Anualidad \rightarrow a = \frac{2.000 \cdot 3}{\frac{(1+0,06)^3-1}{(1+0,06)^3 \cdot 0,06}} + (60,10 \cdot 5) = 2.545,16€$$

Amortización de los títulos:

$$M_1 = \frac{2.545,16 - (2.000 \cdot 3 \cdot 0,06) - (300,5)}{3} = 628,22\ títulos.$$

$$M_2 = 628,22 \cdot (1 + 0,06) + 0,22 = 666,13\ títulos.$$

$$M_3 = 666,13 \cdot (1 + 0,06) + 0,13 = 706\ títulos.$$

Años	Títulos en circulación	Interés	Lote	Amortización €	Amortización títulos
1	2.000	360,00€	300,5€	1.884€	628
2	1.372	246,96€	300,5€	1.998€	666
3	706	127,08€	300,5€	2.118€	706

El valor de una obligación en el mercado

Una de las propiedades que permite este tipo de inversiones es la posibilidad de recuperar la inversión de forma anticipada, es decir, las obligaciones se pueden vender en el mercado obteniendo liquidez externa por la transmisión de los títulos a un tercero.

El precio de venta de la obligación en el mercado se determina dependiendo el momento de venta, el cual se deberá actualizar los flujos futuros que generan los títulos al momento de la venta.

$$Valor_s = \left[cupón \cdot a_{n-s|im}\right] + C \cdot (1 + im)^{-(n-s)}$$

Donde el cupón será equivalente al capital por el interés de la obligación e "im" será el interés del mercado, pudiendo ser igual o distinto del interés de la obligación.

Cuando el tipo de interés de la obligación es equivalente al tipo de interés del mercado, el valor será equivalente a la reserva matemática. Si fuese superior el tipo de interés del mercado al de la obligación, el valor será inferior a la reserva matemática. En cambio, si el interés del mercado es inferior al de la obligación, el valor será mayor que la reserva matemática.

Técnico Superior en Administración y Finanzas
Estudios realizados en IES Misericordia Valencia

6º Productos de renta fija

Los productos de renta fija se trata de activos con una retribución prefijada en el que su vida útil transcurres desde su emisión hasta su vencimiento o amortización. Nos podemos encontrar como renta fija las Letras del Tesoro, el pagaré financiero o de empresa y los bonos.

Las inversiones en activos de renta fija están siempre sometidas a tres tipos de riesgo:

- *Riesgo de crédito:* se contempla la posibilidad de que no se amorticen, que no abonen los intereses, los dos casos anteriores a la vez o que se realice más tarde de lo establecido. Por lo tanto, a mayor riesgo mayor será el tipo de interés que se obtiene.
- *Riesgo de cambio:* se hace referencia a títulos sometidos en otra divisa. Esta dependerá del valor de la moneda en el momento de la venta o de su amortización.
- *La volatilidad:* se refiere a la variación del precio de los títulos en el mercado secundario.

Existen organismos que determinan y valoran el riesgo y la seguridad en las inversiones denominados rating. La deuda pública va ligado a la prima de riesgo, el cual es una penalización que se impone a causa de la imagen de poca solvencia que se muestra, pidiendo mayores intereses para cubrir los posibles riesgos.

El perfil del inversor en renta fija es conservador, el cual invertirá en un mercado seguro, es decir, en activos de poca rentabilidad y de corto plazo para disminuir el riesgo. En el caso de inversiones a largo plazo, será con una tendencia bajista para mantener el tipo de interés en lo más alto.

Cuando un inversor de renta fija necesita obtener liquidez de sus inversiones, puede emplear los denominados repos. Estos, son cesiones temporales de activos, donde los propietarios ceden los activos de forma temporal a otro inversor que desea incorporar su dinero a corto plazo.

Los repos pueden formularse:

- *A la vista:* se devuelve sin tener una fecha determinada.

- *A plazo:* se determina una fecha en el que se debe devolver el activo cedido.

Mediante este método, el que presta los activos obtiene liquidez inmediata para la reinversión en activos más rentables.

Las Letras del Tesoro

Existen cuatro tipos de letras del tesoro según su emisión, los cuales irán destinados a inversores institucionales (empresas) o a cualquier tipo de inversor.

- Se emiten a 3 meses.
- Se emiten a 6 meses.
- Se emiten a 12 meses.
- Se emiten a 18 meses.

El nominal de las letras del tesoro son de 1.000€ cada una y se compran al descuento en el mercado primario, es decir, a un precio inferior al nominal. Siendo su amortización el nominal y el interés de la letra del tesoro el nominal menos el precio de compra.

Si el activo se vende antes de su vencimiento en el mercado secundario, los intereses recibidos serán la parte proporcional. La forma o procedimiento más usual para emitir las letras del tesoro es la subasta, el cual se convoca anunciando el tipo de interés.

Para calcular el tipo de interés en las letras del tesoro a corto plazo (hasta 12 meses) se empleará el descuento simple. En cambio, para las letras del tesoro a medio y largo plazo (más de 12 meses) se empleará el descuento compuesto.

$$\textbf{El descuento simple } \rightarrow i = \left(\frac{Nominal}{Valor\ Efectivo} - 1 \right) \cdot \frac{360}{n}$$

$$\textbf{El descuento compuesto } \rightarrow i = \left(\frac{Nominal}{Valor\ Efectivo} \right)^{\frac{360}{n}} - 1$$

Las letras del tesoro se pueden ofrecer por dos sistemas, la oferta competitiva y la no competitiva. En la oferta competitiva se entra con distintos precios o tipos de interés, en cambio en la no competitiva se compran al interés medio ponderado.

La oferta competitiva:

Son las letras del tesoro que se ofertan al precio que se está dispuesto a pagar para adquirir los títulos. Estos pueden ser:

- El interés es máximo, por lo tanto el precio del título será mínimo.
- El interés es medio, por lo tanto el precio de título será medio.
- El interés es mínimo, por lo tanto el precio del título será máximo.

Cuando se acaba el plazo de compra de las letras del tesoro, el Banco Europa cierra la emisión. Una vez cerrada la subasta, se clasifican todas las ofertas competitivas de menor tipo de interés a mayor tipo de interés.

Posteriormente se determina el volumen de deuda y se establece un precio mínimo o el interés máximo emitido. Las ofertas competitivas superiores al nivel máximo establecido son rechazadas y se calcula el tipo de interés medio ponderado en las emitidas.

La oferta no competitiva:

Mediante este método se aceptarán todas al tipo de interés medio ponderado. Si el tipo que se oferta es superior al medio, pero no menor o igual al marginal, a los títulos se asignan el tipo de interés que se desea pagar.

El interés máximo que se puede obtener es el marginal, siempre mayor que el medio ponderado, siendo este el límite de pago.

Ejemplo:

Se desea adquirir una letra del tesoro con vencimiento a seis meses mediante la oferta no competitiva. El tipo de interés medio es del 2,035%. La liquidación se efectúa a los 182 días. ¿Qué importe hemos de desembolsar?

$$VE = \frac{1000}{(1 + 0,0235) \cdot \frac{182}{360}} = \frac{1000}{1,010288056} = 989,82€$$

Los pagaré

Se trata de una emisión de deuda, siendo una forma de financiación empleada por las grandes empresas. Las empresas que la emiten deben de tener un activo saneado para poder hacer frente a la deuda.

Cuando se desarrolla una emisión con una cantidad monetaria elevada, en su primera amortización, se amortizará el resultado del sorteo. De esta manera, para poder emitir un nuevo pagaré, su máximo será el resto del pagaré (la emisión de la deuda menos la primera amortización), así sucesivamente hasta su vencimiento.

Los pagarés de empresa pueden venderse en el mercado secundario, denominado A.I.A.F.. Cuando no se acepta en el mercado secundario, se buscan compradores mediante intermediarios financieros.

El mercado secundario está diseñado para grandes paquetes que pertenecen al holding (grupo de empresas que en su cartera tienen acciones de otras empresas a las que puede administrar) y suelen estar integrados en la bolsa de mercados españoles, los cuales cotizan bajo la supervisión de la Comisión Nacional de Mercado de Valores.

Los bonos

Los bonos son activos que se originan por emisiones de deuda pública que van del medio plazo (entre los 2,5 años hasta los 10 años) y el

〈 44 〉

largo plazo (más de 10 años). Estos son emitidos por cualquier organismo público, ya sea el Estado, los ayuntamientos, etc.

La emisión de los bonos pueden ser:

- *A la par:* se emiten por el nominal.
- *Bajo la par:* se emiten por debajo del valor del nominal.
- *Sobre la par:* se emiten por encima del valor del nominal.

En el momento de su amortización, existen diferentes formas para llevarlo a cabo, estableciendo como norma general la devolución del nominal al vencimiento de estos. La devolución del nominal puede llevar aparejada una prima de reembolso o el nominal puede ser canjeado por otros títulos.

Los intereses que generan los bonos ya están determinados, pudiendo ser un interés fijo, variable o de cupón cero. El interés variable está ligado a un índice de variación (Euribor) +/- un tanto por ciento y el cupón cero viene determinado por la diferencia entre el valor de la amortización y el valor de la compra.

Los bonos mediante cupón corrido:

Se trata de bonos cuya amortización se ejecuta junto con los intereses al final del vencimiento mediante un cupón único.

$$C.C. = \frac{Días\ de\ cáculo}{Días\ del\ abono\ del\ cupón} \cdot Importe\ del\ cupón$$

Donde los "días de cálculo" van desde la emisión del bono hasta la venta del cupón, es decir, los días que se corre el cupón.

Ejemplo:

El 6 de enero del año X se emitieron bonos por valor de 1.000€ a 3 años con abono de cupones cada 6 de enero hasta su vencimiento. Tanto la emisión como la amortización se efectúan a la par y los respectivos cupones anuales son de 40€. Calcula el cupón corrido del 18 de septiembre del año X.

*Del 6 de enero del año X hasta el 18 de septiembre del año X van 255 días.

$$C.C. = \frac{255}{365} \cdot 40 = 27,95€$$

7º Productos de renta variable

Las acciones

Los poseedores de las acciones de una empresa adquieren con ellas determinados derechos de forma general:

- Reparto de dividendos generados por los beneficios de la empresa durante el ejercicio.
- Participar en el patrimonio resultante de la liquidación.
- Derecho preferente de suscripción en las ampliaciones de capital de la sociedad, cuyos derechos pueden ser vendidos.
- Votar en las juntas ordinarias.
- Tener información previa a cualquier reunión.

A pesar de los derechos mencionados anteriormente, existen diferentes clases de acciones que pueden aportar otros derechos diferentes:

- *Ordinarias:* se trata de aquellas acciones que conceden a sus propietarios todos los derechos vistos anteriormente.
- *Preferentes:* se trata de aquellas acciones que aportan a sus propietarios mayores derechos que las acciones ordinarias, pudiendo ser mayor importe en el reparto de dividendos.
- *Acciones sin voto:* se trata de aquellas acciones que garantizan a sus propietarios el reparto de un dividendo mínimo anual para compensar el haber suprimido el derecho a voto.

También existen las acciones rescatables, las cuales se amortiza y se anulan a petición de la empresa, de los socios o de ambos. La devolución del importe rescatado se realiza con cargo a los beneficios de la compañía, mediante las reservas de libre disposición o con el efectivo obtenido de una nueva emisión de acciones.

La suma de los valores nominales de todas las acciones rescatables deben de estar totalmente desembolsadas en su creación y estas nunca deben de superar el 25% del capital social.

Existen diferentes órdenes bursátiles para la compra o venta de las acciones en el mercado secundario, notificando al intermediario como se debe proceder para la compra o la venta de las acciones.

- *Por lo mejor:* se trata de comprar o vender las acciones al mejor precio.
- *Limitada:* en este caso, se fija un precio mínimo para la venta de las acciones y un precio máximo para la compra de las acciones, durante un plazo determinado.
- *Alrededor:* se fija un precio de compra o venta de la acción, el cual se ejecutará la operación cuando el precio de la acción se aproxime al fijado.
- *Ligada:* se trata de ligar una compra a la venta de otra acción, es decir, si compro una acción automáticamente se vende la otra acción o viceversa.

La ampliación de capital y los derechos de suscripción:

Cuando se produce una ampliación de capital hay que tener en cuenta la proporción entre las acciones en circulación antes de la ampliación y las que se emiten. La proporción siempre se expresa en producto "1x5", de cada 5 acciones viejas se entrega 1 nueva.

Como dicha ampliación deja con menor participación al accionista en el capital social, la sociedad entrega los derechos de suscripción. Este derecho se puede vender o si se decide comprar nuevas acciones, su coste será el valor de la acción menos el valor del derecho de suscripción.

También se pueden realizar ampliaciones de capital mediante acciones liberadas. En este caso, el accionista viejo puede adquirir dichas acciones a coste cero o vender los derechos de suscripción, cuya representación será "1x5L".

Estas también pueden ser parcialmente liberadas, es decir, en vez de tener coste cero se le pondrá un coste con cargo a reservas en el porcentaje determinado.

Las emisiones se pueden hacer a la par, es decir, las nuevas acciones se emiten con el mismo valor que el nominal de las acciones antiguas. Estas además pueden tener una prima de emisión, realizándose por encima del nominal.

Ejemplo:

Una sociedad anónima cuyas acciones son a 6€ nominales realiza una ampliación del capital de "2x13" al 150%. Don Miguel posee 26 títulos y desea suscribir 20 acciones más. El día de la operación el derecho cotiza a 2,20€. ¿Cuánto debe desembolsar? Contabilízalo sin gastos.

$$Los\ títulos\ necesarios\ son = \frac{20}{2} \cdot 13 = 130\ títulos.$$

$$Los\ títulos\ que\ le\ faltan = 130 - 26 = 104\ títulos.$$

$$El\ valor\ de\ los\ títulos = 104 \cdot 2,20 = 228,80€.$$

$$Se\ debe\ de\ desembolsar = 228,80 + (20 \cdot 6 \cdot 1,5) = 408,80€.$$

*Don Miguel deberá desembolsar 408,80€ para obtener las 20 acciones mediante la ampliación de capital.

El valor teórico del derecho de suscripción:

Cuando se realizan ampliaciones de capital el valor de las acciones disminuyen, para calcular el precio de referencia (los que negocian el derecho) calculan el valor teórico del derecho de suscripción. Este será el valor de las acciones antes de la ampliación menos el valor de las acciones después de la ampliación.

$$VT = \begin{pmatrix} Valor\ de\ la\ acción \\ antes\ de\ la\ ampliación \end{pmatrix} - \begin{pmatrix} Valor\ de\ la\ acción \\ después\ de\ la\ ampliación \end{pmatrix}$$

$$Derecho\ de\ suscripción = \frac{n_n \cdot (V_v - V_n)}{n_v + n_n}$$

Donde:

- n_n: número de acciones nuevas.
- n_v: número de acciones viejas.
- V_v: valor de las acciones viejas, es decir, el valor de las acciones antes de la ampliación.

Técnico Superior en Administración y Finanzas
Estudios realizados en IES Misericordia Valencia

- V_n: valor de las acciones nuevas, es decir, el valor de las acciones después de la ampliación.

Ejemplo:

Entre el 24 de mayo y el 7 de junio del mismo año se hace una ampliación de capital de "2x13" a la par y liberadas. Si en el momento de iniciar la ampliación, la acción cotiza a 9€ y anteriormente a 36€ ¿Cuál es su valor teórico?

$$Ds = \frac{2 \cdot (36 - 9)}{13 + 2} = \frac{54}{15} = 3,60€$$

*El valor teórico del derecho de suscripción es de 3,60€ por derecho.

La rentabilidad de las acciones y los ratios bursátiles:

Las acciones aportan a sus poseedores flujos de renta de tres formas diferentes:

- *Los dividendos:* se trata de los beneficios obtenidos por la empresa que reparte a sus accionistas.
- *Los derechos de suscripción:* se obtienen beneficios mediante la venta de dichos derechos en el mercado.
- *Las plusvalías y minusvalías:* las plusvalías son los beneficios generados por la venta de las acciones menos el valor de su adquisición, siendo estas positivas. En cambio, las minusvalías surgen cuando estas son negativas.

Por lo tanto, la renta de la acción será la suma de los dividendos, la venta de los derechos de suscripción y las plusvalías o minusvalías, menos el valor de adquisición de la acción. Su rentabilidad anual de un periodo determinado se calcula de la siguiente manera:

$$R = \frac{La\ renta\ de\ la\ acci\acute{o}n}{Valor\ inicial\ de\ la\ acci\acute{o}n \cdot Periodo} \cdot Dias\ del\ a\tilde{n}o$$

Los ratios permiten establecer comparaciones para la selección de las acciones que mejor se adapta al perfil del inversor.

El beneficio por acción (B.P.A.), permite calcular el beneficio neto (el beneficio obtenido por la empresa menos los impuestos) que corresponde a cada acción, de esta manera se puede conocer la capacidad de generar beneficio de la empresa. Al analizar a lo largo del tiempo la evaluación del ratio se obtiene (si es positivo) el índice de los beneficios totales repartidos y no repartidos que genera la empresa. Cuanto mayor sea el beneficio por acción, mayores beneficios reparte la empresa entre sus socios.

$$BPA = \frac{B\underline{o}\ totales - impuestos}{N\underline{o}\ total\ de\ acciones}$$

La relación del precio-beneficio (P.E.R.), indica las veces que el beneficio por acción está comprendido dentro del valor de cotización de la acción. Si el índice es pequeño, nos indica que la acción es barata, siendo un buen momento de compra. Por el contrario, si el índice es muy elevado, la acción será cara, no siendo un buen momento para adquirirlas.

$$PER = \frac{Precio\ de\ cotizaci\acute{o}n\ en\ bolsa}{BPA}$$

El Pay Out nos indica el tanto por ciento de los beneficios que la empresa reparte entre las acciones. Cuando este ratio es elevado, la empresa está dedicando una parte importante de sus beneficios para el reparto entre sus socios, lo que implica, que destina menos a reservas pudiendo perjudicar en el futuro a su expansión.

$$Pay\ Out = \frac{Dividendo\ por\ acci\acute{o}n}{BPA} \cdot 100$$

Productos derivados

Se trata de instrumentos financieros cuyo valor deriva de la evolución de los precios de un activo subyacente, es decir, que su valor dependerá del precio de otro activo en el futuro, ya habiendo fijado los detalles del acuerdo para su intercambio futuro. Donde el beneficio del acuerdo surge de la variación del precio fijado con el real en el momento de la transacción (su intercambio futuro).

El activo subyacente puede tratarse de una acción, de una cesta de acciones, de divisas, un valor de renta fija, materias primas, etc.

Las opciones:

Es un contrato que da derecho a la compra o venta de un activo subyacente a un precio determinado (precio del ejercicio) en una fecha determinada, siendo la fecha de su vencimiento para su aplicación en Europa y en cualquier momento antes de su vencimiento para su aplicación Americana. A cambio, el comprador del contrato paga una prima en el momento de su adquisición.

El comprador de la opción, comprará el activo subyacente sólo si le interesa, ya que tiene el derecho de ejercer la opción, pero no tiene la obligación. Sin embargo, el vendedor sí que está obligado a vender el activo subyacente en el caso de que el comprador ejercite su derecho. Si no ejercita el derecho, el comprador perderá la prima entregada.

El propietario de las opciones adopta una posición compradora, pudiendo adquirir opciones de compra (opciones Call) o venta (opciones Put). Quien vende adopta una posición vendedora.

Mediante las opciones Call se tiene una posición alcista, puesto que se espera que el precio crezca, es decir, se contrata la acción a precio del ejercicio esperando que a su vencimiento hayan subido los precios. Las posibles situaciones son:

- El precio del mercado > el precio del ejercicio → no se pierde.
- El precio del mercado < el precio del ejercicio → se obtienen beneficios.

Mediante las opciones Put se tiene una posición bajista y se obtiene los beneficios cuando los precios del mercado sean menor que el precio del ejercicio.

Los futuros:

Se trata de un contrato en el que se acuerda un intercambio de activo subyacente en una fecha futura y a un precio predeterminado.

El comprador de futuros adopta una posición larga, el cual al vencimiento del contrato tendría derecho a percibir el activo subyacente o vender los futuros antes de su vencimiento en el mercado. Por lo tanto, el beneficio del comprador surge cuando el precio del mercado sea mayor que el precio pactado.

El vendedor de futuros adopta una posición corta, el cual al vencimiento del contrato se compromete a entregar el activo subyacente a cambio del precio preestablecido en el contrato. Por lo tanto, el beneficio del comprador surge cuando el precio del mercado sea menor que el precio pactado.

8º Los fondos de inversión

Un fondo de inversión es un patrimonio formado por activos financieros cuya propiedad es de un conjunto variable de inversores.

A la unidad de inversión del fondo se denomina participación y cada uno de los inversores partícipes. Cuando los inversores se deshacen de su participación mediante la venta se denomina reembolso.

Existen diferentes tipos de fondos de inversión, los cuales se pueden clasificar de la siguiente manera:

- *Fondos monetarios:* se trata de inversiones en renta fija pública o privada (pagarés de empresa) emitidos por otros países a muy corto plazo (hasta 18 meses). Son fondos poco volátiles y de mínimo riesgo gracias a la ausencia de la renta variable, donde su mayor riesgo reside en la divisa y materias primas, manteniendo una rentabilidad acorde a los tipos de mercado monetarios.
- *Fondos de renta fija:* se trata de inversiones formadas por renta fija pública o privada en divisa extranjera o nacional en distintos plazos. Su volatilidad dependerá de los tipos de interés del mercado, el cual si aumentan los tipos de interés el valor de la cartera disminuye.
- *Fondos de renta variable:* se trata de inversiones con una exposición mínima a la renta variable del 75%. Son fondos destinados a perfiles de inversión agresivos, es decir, se trata de inversiones con un alto nivel de riesgo.
- *Fondos mixtos:* este tipo de fondos se puede dividir en renta fija mixta, cuya exposición a la renta variable es inferior al 30%, y renta variable mixta, cuya exposición en la renta variable oscila entre el 30% y el 75%. A mayor exposición en la renta variable, mayor será el riesgo y la rentabilidad de la inversión.

Caso práctico:

Tenemos unos ahorros destinados a la compra de un piso en el momento que surja una buena oferta y nos aconsejan invertir en un fondo de las siguientes características:

- Cartera interior →12,39%.
    - Deuda pública → 5,34%.
    - Adquisición temporal (repos) → 7,05%.
- Cartera exterior → 84,31%.
    - Deuda pública → 84,31%.
- Tesorería (posiciones a la vista) → 3,30%.

Vencimiento:

- Menos de 3 años un 20%.
- De 3 a 5 años un 27,80%.
- Más de 5 años 52,20%.

Calificación de los títulos:

- "AAA" el 30%.
- "AA" el 70%.

¿Crees que se trata de un fondo adecuado para esta inversión?

*Este fondo no es recomendable para este tipo de inversor, ya que está muy expuesta a la moneda extranjera con más de un 84% de la inversión, teniendo el riesgo de que cambie el valor de la divisa.

*Quieren destinar el dinero a la compra de una oferta en vivienda, por lo tanto necesitarían un vencimiento corto, sin embargo, el 80% de la inversión se encuentra en el medio y largo plazo. Por lo tanto, no tendrían disponible gran parte de la inversión si encontraran una oferta.

*El 70% de la cartera está destinada en títulos con una calificación regular "AA", siendo arriesgado por la calidad de solvencia de las empresas invertidas.

La rentabilidad de un fondo de inversión

El valor de mercado de cada participación del fondo de inversión varía dependiendo la evolución de los valores que componen el patrimonio. Esta se calcula diariamente dividiendo el patrimonio total entre el número de participaciones en circulación en dicho momento.

Su rentabilidad se obtiene mediante la tasa de variación del valor liquidativo (el valor del patrimonio total entre el número de participaciones en circulación) entre la fecha de compra (suscripción) y la fecha de venta (reembolso).

$$Rentabilidad = \frac{\left(\begin{array}{c} Valor \\ liquidativo \\ final \end{array}\right) - \left(\begin{array}{c} Valor \\ liquidativo \\ inicial \end{array}\right)}{(Valor\ liquidativo\ inicial)} \cdot 100$$

9º Los pasivos bancarios

Los pasivos bancarios son aquellos recursos ajenos a la entidad de crédito que figuran en su balance y que tiene que devolver.

Dentro de los pasivos bancarios estarían las cuentas corrientes, las cuentas de ahorro, las imposiciones a plazo, los depósitos referenciados o iniciados y los depósitos estructurados.

Las cuentas corrientes

Se trata de un contrato irregular de dinero donde se pactan servicios adicionales al cliente prestado por la entidad. Los clientes ingresan en dicha entidad importes en efectivos que conforman un saldo a su favor del que se puede disponer de forma inmediata, total o parcial.

El cheque:

La forma de pago en las cuentas corrientes es el cheque. Este puede ser nominativo, el cual se necesitará presentar un documento para poderlo cobrar. Si el cheque es al portador, se paga el importe del cheque al quien lo tenga, pero al superar una determinada cantidad, este debe ser firmado al dorso por quien lo cobra.

Para aportar mayor seguridad en los cheques, se establecen distintos tipos:

- _Cheques conformados:_ se establece una clausula en el que se garantiza la existencia de fondos suficientes en la cuenta de pago.
- _Cheques cruzados:_
    - _General:_ se trazan dos rayas paralelas, dando a conocer que se tiene seguridad de cobrar el cheque.
    - _Especial:_ se cruzan con dos barras y en medio se introduce el nombre de la entidad donde solo se podrá cobrar en dicha entidad.
- _Cheque de abono en cuenta:_ son los cheques que se obligan a abonar directamente en la cuenta como si fuese un ingreso.

Las cuentas de ahorro tienen el mismo funcionamiento que las cuentas corrientes, pero estas no se pueden pagar con cheques.

Los depósitos

Se trata del dinero que obtienen los bancos, a través por el cual se invierte en derivados financieros. La rentabilidad de estas cuentas quedará asociada a los resultados de dicha inversión, no habiéndose pactado previamente los intereses. Existen dos tipos de depósitos, los referenciados y los estructurados.

Los depósitos referenciados:

Se trata de depósitos cuyos plazos son superiores a los dos años, cuando acaba el plazo establecido, el cliente recupera la cantidad pactada más un porcentaje de la revalorización que haya obtenido el índice de referencia. Sus principales características son:

- No hay un tipo de interés prefijado.
- Siempre va ligado a un índice bursátil.
- Tiene un plazo de vencimiento.

Los depósitos estructurados:

Se trata de depósitos que no se pactan el tipo de interés- la inversión siempre va ligada a la cotización de una acción, cuando dicha cotización supera el máximo establecido previamente, el depositante obtiene el capital invertido y la rentabilidad acordada.

10º *Los activos bancarios:*

Tanto los préstamos como los créditos son operaciones de activo de los bancos, aunque en la realidad, los préstamos y los créditos amparan operaciones muy distintas.

Cuando hablamos del crédito, el banco se compromete con el cliente a permitirle disponer de cantidades de dinero de acuerdo a sus necesidades hasta pactar el límite pactado. Una vez finalizado el plazo, el cliente se compromete a devolver la suma de lo dispuesto más los intereses devengados y las domiciliaciones pactadas.

Este tipo de créditos se suelen instrumentar en cuentas corrientes, siendo normal que las empresas que opten por estas líneas de crédito son aquellos que necesitan fondos de tesorería en momentos concretos, sin tener que pagar intereses por el saldo no dispuesto.

El riesgo para esta modalidad de liquidez habita en la no devolución del capital y el impago de los intereses, por ello buscan una serie de garantías.

Por el contrario, el préstamo, es un contrato mediante el cual un banco entrega a un cliente una suma de dinero previamente pactada que este se compromete a devolver más los intereses en función del plan de amortización. La amortización consiste en la devolución o reembolso por parte del prestatario (el cliente) del importe principal más el pago de los intereses que se generan en el plazo convenido.

El capital de la operación recibe el nombre de capital prestado, nominal o principal y los capitales de la contraprestación tienen como finalidad la devolución del capital prestado y del abono de los intereses, denominados términos amortizativos. Todo ello se plantea en base a una ley de capitalización compuesta.

La reserva matemática o el saldo financiero en una fecha concreta de la operación muestran la deuda pendiente de amortizar en el momento de su cálculo, es decir, el capital vivo de la operación.

Los préstamos poseen dos tipos de garantías, los cuales son con garantía real o personal.

61

Prestamos con garantía personal:

El código civil establece que cuando se concierta una deuda con garantía personal se está obligando, en caso de no devolver la deuda, a pagar con todo su patrimonio personal.

Prestamos con garantía real:

Esta garantía consta de comprometer un bien en concreto, es decir, solo se compromete una parte del patrimonio, siendo los derechos comprometidos más comunes la hipoteca mobiliaria y la prenda.

La prenda surge cuando el bien inmueble se pone a disposición de los acreedores, donde esta puede ser con desplazamiento o sin desplazamiento.

- *La prenda con desplazamiento:* el deudor entrega al acreedor la cosa objeto de garantía.
- *La prenda sin desplazamiento*: la cosa pignorada queda en poder del deudor, pero el acreedor puede vender el objeto en cualquier momento.

La hipoteca mobiliaria es un tipo de garantía que solo existe para vehículos a motor, establecimientos mercantiles, aeronaves, maquinaria industrial, etc.

La hipoteca inmobiliaria surge cuando la cosa objeto de garantía es un bien inmueble que permanece en poder del deudor. Será necesario que se inscriba en el Registro de la Propiedad, de esta manera el acreedor podrá ejecutar la hipoteca en el caso de que el deudor no pague su deuda.

Para los préstamos hipotecarios, en el caso de que la viviendo sea nueva, el constructor ya ha solicitado el préstamo y el comprador lo único que hace es subrogarse, manteniendo las mismas condiciones que había pactado el constructor. Cuando esta es de segunda mano, el acreedor tasa la vivienda antes de ofrecer el préstamo.

Los préstamos se pueden clasificar según diferentes criterios, los cuales son:

- Por el prestamista:

Emilio Arroyo Roig

- o Bancarios.
- o No bancarios.
- Por el prestatario:
  - o *De consumo:* préstamos destinados al ocio.
  - o *De producción:* préstamos destinados a las empresas pudiendo ser circulante o para la inversión.
- Por las garantías:
  - o *Personales:* se garantiza por avales.
  - o *Reales:* se garantiza sobre la cosa objeto.
- Por el interés:
  - o Interés fijo.
  - o Interés variable.
- Por su amortización:
  - o Préstamos de capital:
    - ▪ *Reembolso único:* un único pago al final del periodo.
    - ▪ *Préstamo americano:* el reembolso único con el pago aplazado de los intereses.
  - o Préstamos de rentas:
    - ▪ *Préstamo francés:* rentas con anualidades constantes.
    - ▪ *Amortización constante:* renta con las cuotas de amortización constante.

Las nomenclaturas con las que nos encontramos en las operaciones de préstamos son:

- **C_s:** capital pendiente de amortizar.
- **C_0:** capital inicial o prestado.
- **n_s:** periodo en el que se hace efectivo los términos.
- **i_s:** tipo de interés.
- **I_s:** interés en cada uno de los periodos.
- **A_s:** cuota de amortización del periodo.
- **M_s:** capital amortizado al final de cada periodo.
- **a_s:** anualidad del periodo.
- **a_n:** anualidad final.

Préstamo con reembolso único:

Se trata de un sistema por el cual el préstamo recibido junto a sus intereses se reembolsa de una sola vez, por lo tanto el tipo de interés y el tiempo son constantes.

Al solo existir una anualidad o término amortizativo, esta será el capital inicial más el interés generado.

$$a_n = C_0 \cdot (1 + i)^n$$

El capital pendiente de amortizar, ya que no se amortizará hasta la última anualidad, este será igual al capital inicial, y la cuota de amortización será la suma del capital inicial y los intereses generados durante el periodo.

Préstamo Alemán

Se trata de una operación de amortización en la que al final del periodo solo se abonan los intereses generados durante dicho periodo, dejando la amortización del principal para el final de la operación.

En este caso, los términos amortizativos serán igual al interés, excepto la ultima anualidad que estará compuesta por los intereses generados en dicho periodo más la amortización del principal.

$$a_S = C_0 \cdot i$$

$$a_n = C_0 + (C_0 \cdot i)$$

Por lo tanto, para verificar la equivalencia financiera en base a una ley pactada se puede aplicar de la siguiente manera:

$$C_0 = a_S \cdot a_{n]i} + C_S \cdot (1 + i)^n$$

Emilio Arroyo Roig

Préstamo Francés

Se trata de una operación de amortización en el que el prestatario se compromete a entregar al prestamista al final de cada periodo un término amortizativo constante y valorado a un tipo de interés constante.

$$a_S = \frac{C_0}{a_{n|i}} = \frac{C_0}{\dfrac{1-(1+i)^{-n}}{i}}$$

Los términos amortizativos en el préstamo francés están compuestos por dos elementos, la cuota de interés y la cuota de amortización, el cual se desarrolla mediante un cuadro de amortización.

n	Anualidad	Cuota de interés	Cuota de amortización	Capital amortizado	Capital pendiente
0	----------	--------	----------	-----------	C_0
1	$a_1 = \dfrac{C_0}{a_{n|i}}$	$I_1 = C_0 \cdot i$	$A_1 = a_1 - I_1$	$M_1 = A_1$	$C_1 = C_0 - A_1$
2	$a_2 = \dfrac{C_0}{a_{n|i}}$	$I_2 = C_1 \cdot i$	$A_2 = a_2 - I_2$	$M_2 = M_1 + A_2$	$C_2 = C_1 - A_2$

La cuota de interés está compuesta por los intereses pendientes de amortizar al principio de cada periodo, además esta cuota será decreciente conforme avance en los periodos en proporción en la disminución del capital pendiente de amortizar. La cuota de amortización está formada por la cantidad destinada a la amortización del préstamo e irá aumentando en la misma proporción que crecen los intereses.

Su equivalencia financiera en el origen será la prestación igual a la contraprestación en el momento cero.

$$C_0 = a \cdot a_{n|i}$$

Su equivalencia financiera en el final de la operación será la prestación igual a la contraprestación al final de la operación.

$$C_0 \cdot (1+i)^n = a \cdot S_{n|i}$$

65

Se puede calcular la reserva matemática en un periodo en concreto mediante tres métodos, de los cuales solo se explicaran el método prospectivo y el método retrospectivo.

Mediante el método prospectivo: el capital pendiente de amortizar será igual al valor actual de las anualidades futuras.

$$C_S = a \cdot a_{n-s]i}$$

Mediante el método retrospectivo: denominada también la cuenta atrás, consiste en el cálculo de la diferencia entre el importe del préstamo capitalizado al final de la operación y las anualidades vencidas capitalizadas hasta el final de la operación.

$$C_S = C_0 \cdot (1+i)^S - a \cdot S_{S]i}$$

Préstamo de amortización constante

Se trata de un sistema cuya cuantía destinada a la devolución del capital prestado es constante en todos sus periodos y los términos amortizativos se obtienen de dicha cuantía más los intereses generados. Por lo tanto, la cuota de amortización se obtiene de la siguiente manera:

$$A_s = \frac{C_0}{n}$$

n	Anualidad	Cuota de interés	Cuota de amortización	Capital amortizado	Capital pendiente
0	----------	--------	----------	-----------	C_0
1	$a_1 = I_1 + A_1$	$I_1 = C_0 \cdot i$	$A_1 = \dfrac{C_0}{n}$	$M_1 = A_1$	$C_1 = C_0 - A_1$
2	$a_2 = I_2 + A_2$	$I_2 = C_1 \cdot i$	$A_2 = \dfrac{C_0}{n}$	$M_2 = M_1 + A_2$	$C_2 = C_1 - A_2$

Prestamos con diferimientos

Esta modalidad se puede implementar en los préstamos de capital y de renta, donde el diferimiento es el aplazamiento de los pagos, es decir, el aplazamiento de capital pendiente por amortizar durante un periodo de tiempo.

Los intereses se abonan durante el diferimiento:

Esto implica que en el momento del diferimiento el capital amortizar es el mismo que le capital inicial. Por lo tanto la anualidad será la siguiente:

$$a_S = \frac{C_0}{\frac{1 - (1 + i)^{-n}}{i}}$$

Los intereses se abonan al final del diferimiento:

Esto implica que se capitaliza el capital inicial incrementando los intereses no pagados durante el diferimiento. Por lo tanto el capital pendiente será:

$$C_S = C_0 \cdot (1 + i)^D$$

$$a_S = \frac{C_0 \cdot (1 + i)^D}{\frac{1 - (1 + i)^{-n}}{i}}$$